AF233353

# LE 29 SEPTEMBRE 18

# A SAINTE-ANNE-D'AURAY

## DISCOURS

PRONONCÉS

### PAR LE GÉNÉRAL DE CATHELINEAU

ET

### M. MAURICE DE JUNQUIÈRES

**10 CENTIMES**

EN VENTE

**A LA LIBRAIRIE LÉGITIMISTE**

35, RUE DE GRENELLE, 35

1886

# LIVRES

ET

## BROCHURES DE PROPAGANDE

mis en vente par la *Librairie légitimiste*
**35, rue de Grenelle. — Paris.**

*Le Droit monarchique*, par M. Joseph du Bourg.                   1 fr.

*Le Roi légitime*, contenant le discours prononcé par le comte Maurice d'Andigné le 5 juillet 1884, et un tableau généalogique de la famille de Bourbon.   0 75

*L'Orléanisme c'est la Révolution*, discours prononcé par M. Véran le 4 juillet 1885, suivi d'un *Aperçu sur les droits de la Maison de Bourbon-Anjou*.   0 35

*Mémoire sur les droits de la Maison d'Anjou à la couronne de France*, par M. Deryssel, avocat, ancien bâtonnier.   0 75

# AVIS IMPORTANT

Les prix d'abonnement au JOURNAL DE PARIS sont les suivants :

PARIS ET DEPARTEMENTS

| | |
|---|---|
| Un an . . . . . . | 12 fr. |
| Six mois. . . . | 6 fr. 50 |
| Trois mois . . . | 4 fr. |
| Etranger . . . . | 14 fr. |

L'abonnement de propagande pris pour l'année entière reste provisoirement fixé à **SIX FRANCS.**

# ALLOCUTION DU GÉNÉRAL DE CATHELINEAU

Mesdames et Messieurs,

C'est le souvenir du passé, le souvenir de nos ancêtres qui nous réunit... Comme eux nous voulons rester fidèles à cette magique devise qu'ils avaient adoptée et défendue et qu'ils nous ont laissée comme un héritage sacré : Dieu et le Roi ! Voilà notre patrimoine. Allons, debout ! pour le défendre : noblesse oblige...

Peuple français, peuple breton réveillez-vous; sortez de votre léthargie ; levez-vous il faut combattre l'usurpation...

Comptez, si vous le pouvez, les héros qui sont sortis de vos rangs ; les martyrs qui se sont fait immoler pour défendre et venger le Christ attaqué, pour défendre et venger la patrie.

Et toi, peuple breton, as-tu oublié le sang qu'il t'a fallu répandre pour conserver ton sol et ta liberté contre le léopard anglais.

Tu fus invincible et tu devins si terrible, qu'il suffisait qu'on apprît que tu entrais dans un camp pour que l'adversaire déposât les armes et demandât immédiatement la paix.

Telles furent ta puissance et ta gloire !

Plus indomptable et plus résistant
que le roc de granit qui borde tes
rivages tu avais la fierté du vieux lion
dans le désert.

Pourtant un jour, épris des charmes du
beau pays de France, subjugué par la
grandeur et l'héroïsme de ses rois, tu
le respectes et tu te prends à l'aimer...

Ton chef, la grande-duchesse de Bretagne, épouse deux de ses Rois ; ta fierté
ton ambition sont dépassées ; tu donnes
ton cœur à la France ; tu lui jures fidélité... et tes serments tu les as gardés
et tu les garderas à la vie, à la mort, à
cette France qui t'avait séduit, à ces
souverains qui t'avaient entraîné...
Aussi, c'est chez toi que nous sommes
tous, aujourd'hui, venus nous retrem-
per dans la fidélité...

Oui ! c'est devant les saints que tu
invoques que nous venons par la prière
ranimer notre foi et grandir nos espé-
rances...

C'est devant « la grande Dame Sainte
Anne » comme tu l'appelles, devant Saint
Michel, le chef de la milice céleste, dont
l'épée est invincible, que nous crions sus
à la félonie et à l'usurpation...

Mais pour anéantir la Révolution,
source de la félonie et de l'usurpation,
pour prier à notre aise, pour élever nos

enfants comme nous le voulons et le devons, pour gagner avec fruit notre pain quotidien, en un mot pour vivre heureux et dans la paix... Il nous faut, de par Dieu et par la loi, notre roi légitime et chrétien, l'aîné des princes d'Anjou, le plus près du sang de notre magnanime Henri ; il nous faut son drapeau, le drapeau sauveur de Jeanne d'Arc, le drapeau blanc.

Vous les voyez ici, nombreux, ils nous entourent ; que de victoires ils nous rappellent ! que de serments gardés ! que de sacrifices et d'héroïsme n'ont-ils pas enfantés !...

Vive le drapeau blanc, vive le roi...

Oui, dans les tristesses de l'attente, répétons, comme nos pères ; vive le roi quand même ! La nuit est sombre et nous enveloppe, mais courage ! après la nuit vient l'aurore, je la vois poindre à votre horizon ; et bientôt, je l'espère, — cette réunion, m'en donne la foi — avec le *sergent du Christ*, notre roi, et la protection du Sacré Cœur de Jésus, nous aurons le triomphe ; l'Eglise sera écoutée, vénérée et défendue ; la France, notre chère patrie, sera ressuscitée.

# DISCOURS DE M. MAURICE DE JUNQUIÈRES

Mesdames, Messieurs,

C'est avec une émotion profonde que je prends aujourd'hui la parole. Je connais en effet — et ceci croyez le bien, n'est pas une critique — je connais et j'*admire* l'ombrageuse susceptibilité bretonne à l'égard des étrangers ! — Mais quand je considère toutes les grandes et saintes causes qui nous unissent toutes les nobles passions qui nous font frères je me rassure bien vite ! et je ne me sens plus un étranger parmi vous ! Je n'ai pas il est vrai l'honneur d'être né en Bretagne.... et cependant j'ose dire que *je suis Breton* ! parce que je suis LÉGITIMISTE !!! Oui je suis *Breton puisque* je suis FIDELE !.... et songeant à ceux de vos compatriotes qui ont trahi le Drapeau Blanc qu'ils avaient juré de défendre ! je me dis que les plus Bretons ne sont pas toujours ceux qu'on pense.

Mais — Dieu merci ! — ceux-là qui ont trahi ne sont pas les plus nombreux et dans ce jour de fête, dans ce jour de joie et de miséricorde il me convient de les oublier ! Et d'ailleurs parmi eux combien d'honnêtes gens abusés ! O terre sacrée des martyrs ! ne t'entrouvre pas encore pour engloutir les parjures ! O, sainte Anne ! O, saint Michel, priez pour eux car ils ne savent pas ce qu'ils font !

Ils ont lassé la clémence du ciel ; les nuées s'amoncellent au-dessus de leurs têtes coupables ; la tempête va éclater, furieuse ! Sainte Anne à l'aide ! O sainte patronne de Bretagne, protège tes enfants, tes pauvres matelots éperdus !....

Et voici que sainte Anne a entendu leur cri d'agonie. Elle a envoyé vers eux « le pilote nécessaire »... Malgré son nom de « Victoire » la galère tricolore a sombré dans la tourmente....

Mais soudain — au sein des flots soudainement apaisés d'un geste — apparaît une petite barque blanche ! une main ferme y tient la barre ; sur les grèves, à l'horizon rasséréné, flotte le drapeau du salut. . . . . . .

Et les échappés du grand naufrage trouvent encore un Bourbon pour les recueillir et pour leur pardonner !!!

Cette vision de l'avenir n'est encore, hélas ! qu'un beau rêve. Le présent nous étreint avec toutes ses misères et toutes ses palinodies.

Mais, Messieurs, quand la tristesse m'envahit au souvenir toujours saignant des défections retentissantes et des génuflexions scandaleuses, une pensée bien douce vient me réconforter aussitôt. A côté de ces lamentables défaillances ou de ces aveuglements insensés, combien ne vois-je pas de fiers dévouements et de loyautés indomptables? Ai-je besoin de vous rappeler le chevaleresque *marquis d'Anglade* si bien représenté au milieu de vous ! Vous parlerai - je de ce noble vicomte du NODAY? qui — suivant sa belle expression — monta si bien la garde autour du Drapeau Blanc ! et prépara ainsi ce magnifique réveil de la Bretagne dont nous saluons aujourd'hui la première aube !

Mais à quoi bon insister ? son nom est encore dans toutes les bouches et son souvenir dans tous les cœurs !

Et d'ailleurs son œuvre n'a-t-elle pas été continuée par sa veuve admirable, et ses dignes enfants ne marchent-ils point à grands pas sur ses traces ?

N'avez-vous pas aussi pour vous consoler et pour vous ennorgueillir : les KERSABIEC, dont le nom est synonyme de fidélité au malheur ! les BELLEVUE, les PERRIN, les PESCHARD, et tant d'autres ! ! ! toujours sur la brèche autour du Drapeau Blanc! et perpétuant parmi vous les grandes traditions des comités du Roy !

Oui ! oui ! vous avez encore, vous

aurez toujours, le droit d'être fiers ! La *terre de granit a gardé ses grands chênes.* L'hermine est demeurée intacte et sans sonillure ! Oui ! la Bretagne est et sera toujours la terre classique de la *fidélité* la patrie légendaire de l'honneur !......

« Si la bonne foy » disait le Roy *Jean Deuxième*, — *l'avant-dernier* de ce beau nom ! « Si la bonne Foy était exilée du reste de la Terre, elle devrait se retrouver dans le cœur d'un *Roy de France* ! » Il n'avait pas prévu l'avenir,.... le bon roi Jean ! il ne songeait pas au « Roi des Français ! »

..... Eh bien vous, loyaux Bretons, vous pouvez justement vous rendre ce témoignage, que, si la Légitimité était exilée du reste du monde, elle retrouverait dans vos landes et dans vos forêts ses autels et ses foyers !

Que dis-je ? n'y a-t-elle pas eu déjà ses martyrs, en 1832 comme en 93 !

Où le Père a lutté luttera bien l'Enfant !

Souvenez-vous des quatre frères La Houssaye, ces héros dignes d'un autre âge, qui relevèrent le Drapeau Blanc en Bretagne aussitôt après l'ignoble Révolution de 1830 !

Ce noble exemple des Chouans, vos pères, vous l'avez toujours sous les yeux, toujours vivant et perpétué au milieu de vous par la présence des survivants des vieilles luttes. Certes ce n'est pas à des Bretons qu'il faut apprendre le respect des bons fils pour les grandes actions de leurs pères ! et déjà vos cœurs ont devancé ma parole.

Il en est plus d'un, ici, sans doute qui a connu le brave commandant Guillemot ? Eh bien ! qu'il vienne nous dire si le « Roy de Bignan » eût jamais consenti à abaisser sa loyale épée devant le petit-fils de ce Louis-Philippe qui fesait fusiller ses compagnons d'armes ! s'il eût jamais consenti à reconnaître les *prétendus* droits du *prétendu* ROI DES FRANÇAIS, à lui rendre très humblement hommage, et à saluer avec lui le Drapeau tricolore qu'il avait si longtemps combattu. J'en appelle à vous, brave ROBINOT ! N'est-ce pas que votre vieil ami serait resté Blanc comme vous ?

— *Robinot.* « Oui ! Oui ! nous ne trahirons jamais !

Je le savais bien : il est encore des cœurs bretons qui ne savent point faillir !.......

Eh bien, Messieurs, pour rester aujourd'hui dignes de vos vieux chefs et dignes de vous-mêmes, que vous faut-il donc faire ?

Ah ! cela est bien simple : *Aimer le roy* qu'ils ont aimé ! *suivre le Drapeau* qu'ils ont suivi ! *Ce roy, mes amis, il est toujours le même !!* car en France, vous le savez, *le roy ne meurt jamais* !!! Dans un jour d'orage le soleil peut disparaître un instant derrière la nue obscure; mais bientôt vous le voyez reparaître, éblouissant tous les yeux de ses joyeuses clartés. Ainsi reparaîtront au jour marqué par Dieu les petits-fils de Louis XIV, les héritiers du Roy Soleil; et les chauves-souris de l'orléanisme rentreront dans leurs trous..... pour n'en plus jamais ressortir !...

L'orléanisme, Messieurs ! L'orléanisme, voilà l'ennemi !

C'est pour le rappeler à la pudeur ! c'est pour lui crier du haut de nos consciences honnêtes : « Tu n'iras pas plus loin ! » c'est pour cela que nous sommes ici réunis. Nous ne sommes pas venus en effet — je le disais déjà à Goritz, il y a trois ans, — nous ne sommes pas venus ici pour acclamer je ne sais quelle royauté bâtarde ! je ne sais quel emblême révolutionnaire ! Nous ne sommes pas venus ici, près du « Champ des Martyrs, » pour insulter les victimes et pour mettre nos mains dans les mains des petits fils des bourreaux.

Non ! Non ! à d'autres de semblables besognes ! Nous, nous sommes ici réunis pour proclamer le droit, pour saluer le Drapeau Blanc !

Le Drapeau Blanc, mes amis ! est-ce qu'à ce nom chéri vous ne sentez pas vos cœurs battre plus fort et vos yeux se mouiller de larmes ? Beaucoup l'espéraient mort ! mort avec le grand roy Henry ! Mais, suivant la belle parole du comte Urbain de Maillé, le *Drapeau Blanc ne meurt jamais !* Je le disais hier aux braves ouvriers royalistes de Paris. « Un drapeau n'est pas un haillon sanglant, c'est un symbole ! un symbole de vie, de force et de gloire ! C'est bien plus encore ; c'est un *être idéal* en qui s'incarne et respire *l'âme sacrée de la Patrie !* »

Vous le savez, ô Bretons ! Et c'est pour cela que vous aimez d'un si ardent amour le vieux drapeau de la France. C'est pour cela que vos pères sont morts pour lui et que depuis trois ans vous le pleurez toujours. Eh bien, vous le voyez ici : ne le cherchez pas ailleurs! Non ! Non ! quoi qu'on ait pu vous dire pour jeter le trouble et l'incertitude dans vos consciences : Non! Non ! ce n'est pas un d'Orléans qui vous le rendra ! Ce sera le roy légitime, l'aîné de la maison d'Anjou! Déjà, il y a quelques mois, à Goritz, nous avons relevé le Drapeau Blanc par la main du général Cathelineau *sur l'ordre de nos Princes*, au grand scandale des tricolores et surtout des tricolorisés. C'est un heureux présage de victoire ; et bientôt, soyez en sûrs, mes amis, la victoire viendra !

Oui elle reviendra la *Royauté* que vous aimez, la *vraie Royauté*! la *Royauté Blanche*! Oui, nous la reverrons dans sa force et dans sa splendeur ancienne! incarnant encore en elle, après 1500 ans! la majesté superbe des grands siècles de gloire et l'éclatante jeunesse des avenirs triomphants! Elle reviendra pour nous sauver! pour vaincre nos ennemis et pour leur pardonner!..... mais non pas sans leur avoir coupé les griffes! *Griffes de lions*? Que non pas!!! Mais griffes de tigres féroces. Vous en savez quelque chose, ô vieux Chouans! vieux compagnons de la « bonne duchesse ! » héroïques victimes de Deutz et de Louis-Philippe! Ces temps là ne sont pas si loin de nous ! Aujourd'hui, il est vrai, l'Orléanisme fait patte de velours, mais ne vous y fiez pas, je vous en conjure. C'est toujours le monstre altéré de sang, la pieuvre hideuse, que saint Michel doit écraser !

Au Combat des Trente, le sire de Montauban disait au Maréchal de Bretagne : « Bois ton sang, Beaumanoir, et ta soif passera. »

L'Orléanisme a suivi à sa manière cet héroïque conseil. Il a bu du sang !... mais ce n'est pas le sien !... C'est le vôtre, ô Bretons, ô Vendéens. Il a bu le sang de vos pères ! Il a bu le sang du Roy... que dis-je ?... de plusieurs générations de Roys ! Il a bu le sang de la France !... *et sa soif n'est point apaisée.* Il a bu notre or aussi, l'or de la Patrie expirante !... *Et il a soif encore !!!...* Que lui faut-il donc ? Ah ! je vais vous le dire : C'est votre honneur qu'il lui faut ! ! ! Oui, il veut murer l'honneur français dans la tombe comme ses disciples de 93 muraient dans le puits de Clisson les Vendéens vivants ! Oui c'est l'honneur de la Bretagne qu'il veut ! Il veut souiller votre hermine !

Bretons ! fils des Bretons ! vous ne la lui vendrez pas ! Avec la fierté des anciens jours vous repousserez comme un souflet la main boueuse et sanglante qu'il tend impudemment vers vos mains loyales. Il y a du sang sur cette main ! Il y a du sang !... n'y touchez pas !!!

*Arrière, Satan !*

*Arrière, Judas !!*

*Arrière, Egalité !!!*

*Saint Anne nous soit en ayde !*

*Potius mori quam fœdari !*

Messieurs — et vous surtout, mesdames, — en terminant, je vous prie d'excuser quelques vivacités de langage. Il était nécessaire de ranimer la *foy*, la *passion* royaliste engourdie, mais toujours vivante au cœur des vieux Bretons. Il fallait bien exalter la sainte folie du drapeau. Il fallait bien le relever fièrement ce drapeau sans tâche, en face de ceux qui l'ont abandonné dans un jour de deuil ; et, peut-être même, aurais-je dû flétrir en termes plus vigoureux ceux qui depuis trois ans étalent impudemment aux yeux des foules ce que Berryer appelait « le cynisme des apostasies ! »

En effet, devant cette persévérance dans le mal et dans l'imposture, il ne nous est plus permis de nous taire. Il était temps ! — grand temps ! — d'éclairer les âmes droites et de raffermir les esprits troublés.....

Assez d'autres vous ont dit et vous diront encore des paroles fallacieuses. Assez d'autres essayeront de capter vos consciences ou d'ébranler vos courages. Ils vous montreront les périls de la route ! ! Oui ! ils oseront vous montrer — à vous les lutteurs et les chasseurs intrépides, — les obstacles sans nombre dont la route du devoir est hérissée ! Ils feront miroiter devant vous — devant vous le incorruptibles — les petits profits et les grands bénéfices des trahisons opportunes ! Mais *à moi*, le droit et l'honneur devaient inspirer un tout autre langage. Je me suis souvenu que je parlais à des hommes libres, à des Bretons ! Dédaigneux des contradictions et des obstacles, je n'ai vu et n'ai voulu vous faire voir que le but !

Le but sacré qui nous attire !

Le roy qui nous attend !

Le passé qui nous bénit !

L'avenir qui nous appelle !

Et notre vieux drapeau qui flotte à l'horizon. Oui ! je ne vois ici que des gens de cœur ; et je vous dis :

« En avant !... En avant Bretons ! En « avant les blancs ! En avant les vétérans « des vieilles guerres ! En avant les « conscrits de la revanche ! Soldats du « roy en avant... qui qu'en grogne ! »

Marchez votre chemin ! Le drapeau Blanc nous guide ! L'honneur nous accompagne....et la victoire est au bout !!

. . . . . . . . . . . . . . . .

En avant !

Atao ! Atao ! *Toujours* et *quand même !*

Sainte Anne et saint Michel nous soient en aide.

Vive Dieu ! Vive la Bretagne !

Vive la France ! Et vive le roy !

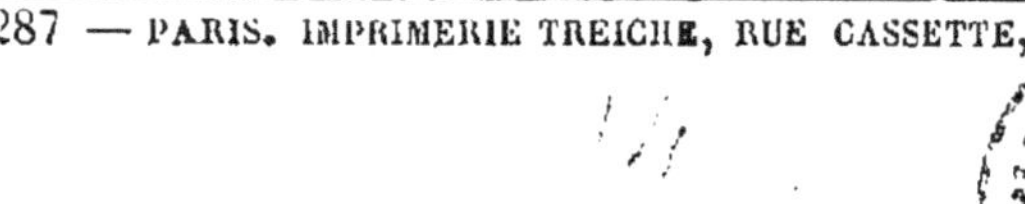

12287 — PARIS. IMPRIMERIE TREICHE, RUE CASSETTE, 17.

www.ingramcontent.com/pod-product-compliance
Lightning Source LLC
LaVergne TN
LVHW021805030726
842523LV00003B/1213